WAS MEINE SEELE ENTLASTET

BILDER VON FRANK HEEGER

©FRANKHEEGER.PHOTOGRAPHY

A

VORWORT

Systemische Aufstellungsarbeit berührt in ihrer Tiefe und Klarheit ein Feld, das viele Menschen lange Zeit nur vage erahnt haben: die Dynamiken zwischen Generationen, die Kraft familiärer Bindungen und die verborgenen Ordnungen, die unser Leben prägen – oft ohne unser bewusstes Wissen. In den letzten Jahrzehnten hat sich diese Methode zu einem kraftvollen Instrument der Selbsterkenntnis und Heilung entwickelt. Sie ermöglicht es, komplexe innere und äußere Zusammenhänge sichtbar zu machen und durch achtsames Hinschauen Veränderung einzuleiten.

Dieses Buch richtet sich an alle, die systemische Aufstellungen tiefer verstehen und in ihr eigenes Leben integrieren möchten – unabhängig davon, ob sie bereits Erfahrungen damit gesammelt haben oder sich ganz neu auf dieses Feld einlassen.

B

Es bietet theoretische Grundlagen ebenso wie praktische Übungen, Reflexionsfragen und Impulse für die Anwendung im Alltag. Dabei steht nicht das schnelle „Lösen eines Problems" im Vordergrund, sondern ein behutsamer Weg der Klärung, inneren Neuordnung und bewussteren Lebensführung.

Systemische Arbeit verlangt keine Vorkenntnisse, aber sie erfordert Offenheit, Bereitschaft zur Selbstreflexion und den Mut, sich auch den unbewussten Anteilen des eigenen Lebens zuzuwenden. Dieses Buch möchte dafür einen sicheren Rahmen bieten – als Begleiter, als Impulsgeber, als Einladung zum inneren Wachstum.

Möge es dazu beitragen, neue Perspektiven zu eröffnen, inneren Frieden zu fördern und ein tieferes Verständnis für sich selbst und andere zu entwickeln. Denn dort, wo Ordnung entsteht, wird Liebe wieder möglich.

C

FRANK HEEGER - ÜBER DEN AUTOR

Frank Heeger ist ein einfühlsamer Wegbegleiter für Menschen, die sich nach innerer Klarheit, Perspektiven, Heilung und

persönlichem Wachstum sehnen.

Seit über 15 Jahren begleitet er Menschen in systemischen Aufstellungen, Seminaren und Einzelprozessen dabei, ihren Platz im Leben neu zu finden und alte, oft unbewusste Verstrickungen zu lösen. Seine Arbeit ist geprägt von einer tiefen Wertschätzung für das, was ist – und von einem liebevollen Blick auf das, was werden darf.

D

Bevor er sich ganz der systemischen Arbeit widmete, war Frank Heeger über **30 Jahre im Schuldienst tätig**. In seiner Zeit als Lehrer sammelte er wertvolle Erfahrungen im menschlichen Miteinander und entwickelte ein tiefes Verständnis dafür, wie familiäre und systemische Zusammenhänge das Verhalten, Lernen und Fühlen von Menschen beeinflussen. Seine pädagogische Erfahrung ist bis heute spürbar in seiner ruhigen, klaren und empathischen Art, mit Menschen zu arbeiten.

Frank Heeger ist **60 Jahre alt** und lebt gemeinsam mit seiner Frau **Sabine Heeger** im wunderschönen **Ostseebad Boltenhagen**. Die Nähe zum Meer ist für ihn nicht nur ein Geschenk im Alltag, sondern

E

auch eine wichtige Quelle der Inspiration. Die Weite, das Rauschen der Wellen, der ständige Wandel der Gezeiten – all das spiegelt für ihn die Bewegungen in der Seele wider, wie sie auch in der Aufstellungsarbeit sichtbar werden.

*Neben seiner beruflichen Tätigkeit widmet sich Frank mit großer Leidenschaft dem **Sammeln und Restaurieren von Oldtimern**. Doch so sehr er auch die Technik, das Detail und die Geschichte alter Fahrzeuge liebt – **sein Herz schlägt vor allem für die systemische Aufstellungsarbeit**. Sie ist und bleibt sein wichtigstes und tiefstes Wirken. Hier fühlt er sich wahrhaft lebendig, verbunden und im Dienst an etwas Größerem.*

F

Mit diesem Buch möchte Frank Heeger einen

Raum eröffnen für Menschen, die bereit sind,

sich selbst auf einer tieferen Ebene zu

begegnen – und den Mut haben, die innere

Ordnung ihres Lebens neu zu entdecken.

G

DANKSAGUNG

Dieses Buch wäre ohne viele Menschen, Begegnungen und Erfahrungen nicht entstanden. Ich danke allen, die mich auf meinem Weg geprägt, berührt, herausgefordert und inspiriert haben.

Ich danke meinen Lehrerinnen und Lehrern in der systemischen Arbeit, besonders denen, die mit Klarheit und Herz ihren Platz eingenommen haben und so andere ermutigen konnten, es ihnen gleichzutun.

Ich danke meinen Klientinnen und Klienten, deren Geschichten mich lehren, wie einzigartig und zugleich zutiefst menschlich jeder Weg ist. Ihr Vertrauen ist Geschenk und Verantwortung zugleich.

Ich danke meiner Frau Sabine, die an meiner Seite steht – nicht nur als Partnerin, sondern als Weggefährtin auf Augenhöhe. Ihre Liebe, ihre

H

© Frank Heeger – zertifizierter Coach & Mee(h)r – 1. Auflage 2025

*Klarheit und ihr Vertrauen sind das Fundament,
auf dem ich schreibe, lehre und wirke.*

*Ich danke meiner Familie – besonders meinen lieben
Eltern, die ich sehr vermisse und denen ich ein Stück
weit dieses Buch widmen möchte - auch über
Generationen hinweg –, die mir Leben, Herkunft,
Stärke und Herausforderung geschenkt hat. In all
dem liegt die Kraft, die ich heute weitergeben darf.*

Und ich danke dir, liebe Leserin, lieber Leser:

*Dafür, dass du dich auf diese Reise eingelassen hast.
Dafür, dass du den Mut hattest, hinzuschauen.
Dafür, dass du bereit bist, neue Schritte zu gehen.
Möge dieses Buch dir ein stiller Begleiter sein – in
dunklen Stunden wie in hellen Momenten.
Möge es dir Türen öffnen zu deinem eigenen inneren
Raum. Und möge dein Weg gesegnet sein – in
Verbindung mit dem, was war, und in Freude auf
das, was kommt.*

I

© FRANK HEEGER

Homepage: https://frankheeger.de

1.AUFLAGE 2025 - VOLLSTÄNDIG ÜBERARBEITET

J

INHALTSVERZEICHNIS

I

II

III

IV

V

VI

ES BEGINNT EINE REISE!

SEI MUTIG, SEI NEUGIERIG, UNBESORGT UND
UNBEDARFT WIE EIN KIND!

VIII

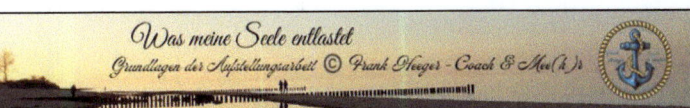
Einleitung

**Was ist systemische Aufstellungsarbeit –
und warum dieses Buch?**

In jedem Menschen wirken unbewusste
Bindungen, Prägungen und
Verhaltensmuster, die oft über Generationen
weitergegeben wurden. Manche
Entscheidungen, Gefühle oder Blockaden
scheinen auf den ersten Blick nicht erklärbar
– sie wiederholen sich, tauchen immer wieder
auf, ohne dass wir ihren Ursprung klar
erkennen. Genau hier setzt die systemische
Aufstellungsarbeit an.

Die systemische Sichtweise betrachtet den
Menschen nicht isoliert, sondern immer im
Kontext seines Herkunftssystems – seiner
Familie, seines Umfelds, seiner Beziehungen.

1

Sie geht davon aus, dass jeder Mensch innerlich Teil eines größeren Ganzen ist und dass dieses „innere System" bestimmten Ordnungen folgt. Wenn in diesem System etwas aus dem Gleichgewicht geraten ist – etwa durch Ausschluss, ungelöste Konflikte oder schwere Schicksale –, kann es zu Verstrickungen kommen.

Diese Verstrickungen zeigen sich oft in Form von wiederkehrenden Lebensthemen, Beziehungsschwierigkeiten, inneren Spannungen oder Krankheitssymptomen.

Die Aufstellungsarbeit macht diese verborgenen Dynamiken sichtbar. Sie bringt ans Licht, was gesehen, anerkannt und in eine neue Ordnung gebracht werden möchte.

Nicht durch Analyse, sondern durch das Spüren, das Erleben, das Anerkennen der

inneren Wirklichkeit entsteht Raum für Veränderung und Heilung.

Dieses Buch möchte dich einladen, die Welt der systemischen Aufstellungen auf einfache, klare und achtsame Weise zu entdecken. Es richtet sich an alle, die bereit sind, sich selbst und ihre Lebensgeschichte mit offenen Augen und offenem Herzen zu betrachten – ganz gleich, ob du bereits Erfahrung mit Aufstellungen hast oder ganz neu in dieses Feld eintauchst.

Jedes Kapitel bietet dir Hintergrundwissen, praktische Übungen, Reflexionsfragen und kleine Impulse für deine eigene Aufstellungsreise.

© Frank Heeger – zertifizierter Coach & Mee(h)r – 1. Auflage 2025

Es ist als Arbeitsbuch gestaltet – du bist eingeladen, mitzudenken, mitzufühlen, aufzuschreiben und vor allem: mit dir selbst in liebevollen Kontakt zu kommen.

Möge dieses Buch dir ein hilfreicher Begleiter sein auf dem Weg zu mehr innerer Klarheit, Versöhnung und einem Leben in guter Ordnung.

4

Kapitel 1

Das innere Bild der Familie

Jeder Mensch trägt ein inneres Bild seiner Familie in sich – meist unbewusst, doch wirksam. Dieses Bild entsteht früh, oft bereits in der Kindheit, aus Erlebnissen, Beobachtungen, Gefühlen, unausgesprochenen Botschaften und der Atmosphäre im Elternhaus.

Es ist eine Art seelische Landkarte, die uns Orientierung gibt:

- Wer gehört dazu?
- Wer ist wichtig?
- Wie ist die Beziehung zwischen den Familienmitgliedern?
- Wer trägt Verantwortung?

- Wer leidet still?

- Wer darf stark sein, wer nicht?

Diese inneren Bilder sind nicht objektiv, sondern zutiefst subjektiv. Sie spiegeln unsere kindliche Wahrnehmung wider – eine Wahrnehmung, die oft geprägt ist von Loyalität, Bedürftigkeit und dem Wunsch nach Zugehörigkeit.

Was wir als Kind erlebt haben, nehmen wir nicht nur als Realität wahr, sondern als Wahrheit.

Und so wirken diese Bilder auch noch Jahre später weiter: in unseren Beziehungen, im Selbstbild, im Beruf, in der Art, wie wir mit Konflikten umgehen – oder ihnen ausweichen.

Verstrickung beginnt im

Unsichtbaren

Wenn in einem Familiensystem etwas „nicht stimmen" darf, wenn ein Familienmitglied ausgeschlossen wird, ein Schicksal verdrängt, eine Schuld verschwiegen oder eine große Trauer nicht gelebt wird, entsteht eine Spannung im System. Diese Spannung bleibt bestehen, oft über Generationen hinweg – bis sich jemand, meist ohne es zu wissen, mit dem nicht Gesehenen verbindet. Dies geschieht aus unbewusster Liebe, aus systemischer Loyalität. So übernimmt ein Mensch vielleicht Gefühle, die nicht zu ihm gehören, lebt ein Leben, das nicht sein eigenes ist, oder wiederholt Muster, die tief in der Familiengeschichte verwurzelt sind.

Solche Verstrickungen zeigen sich in Sätzen wie:

„Ich muss es allen recht machen."

„Ich darf nicht glücklicher sein als meine Mutter."

„Ich muss immer stark sein."

„Ich habe das Gefühl, fremdbestimmt zu sein."

Was all diese Sätze gemeinsam haben: Sie entspringen einem inneren Bild, das sich in der Tiefe nicht verändert hat – obwohl der Mensch längst erwachsen ist.

Die Kraft des inneren Bildes

Das innere Bild der Familie beeinflusst nicht nur, wie wir über andere denken, sondern auch, wie wir uns selbst sehen.

- Bin ich willkommen?

- Habe ich das Gefühl, dazuzugehören?

- Fühle ich mich frei, meinen eigenen Weg zu gehen?

Oder zieht es mich innerlich zu jemandem, der nicht mehr lebt, der ausgegrenzt wurde oder dessen Schmerz nie gewürdigt wurde?

Ein Beispiel: Eine Frau fühlt sich seit Jahren blockiert im Beruf. Sie hat viele Talente, doch sobald sie Erfolg hat, bricht sie Projekte ab oder sabotiert sich selbst. In einer Aufstellung zeigt sich, dass sie innerlich mit einer Tante verbunden ist, die einst aus der Familie ausgeschlossen wurde, weil sie „zu ehrgeizig" war. Ohne es zu wissen, hält die Frau sich klein – aus unbewusster Solidarität mit jener Tante.

9

Erst als dieses innere Bild sichtbar wird, entsteht Raum für Veränderung.

Auflösung beginnt mit dem Erkennen

Das erste Ziel systemischer Aufstellungsarbeit ist nicht das schnelle Lösen, sondern das **Erkennen**: Was ist mein inneres Bild? Welche Position nehme ich in meinem Familiensystem ein? Welche Rollen habe ich übernommen – vielleicht, ohne es zu wollen?

Diese Erkenntnis geschieht oft nicht über den Verstand, sondern über das Erleben: durch das Aufstellen von Stellvertretern, durch innere Bilder, durch das Spüren im Körper. Es ist ein achtsamer, oft stiller Prozess, in dem etwas in Bewegung kommt – ganz ohne Druck. Wenn wir erkennen, dass

10

ein Teil von uns für jemand anderen trägt, können wir diesen Teil würdigen – und zugleich langsam loslassen, was nicht (mehr) zu uns gehört.

Die Seele sucht Ordnung

Die Seele strebt nach Ordnung, Zugehörigkeit und Ausgleich. Wenn etwas in Unordnung ist – etwa durch ein verdrängtes Schicksal oder eine unterbrochene Verbindung – zeigt sich das in inneren Spannungen. Systemische Arbeit hilft, diese Ordnung wiederherzustellen. Nicht, indem wir urteilen, sondern indem wir anerkennen: **„Ja, das war so."** In der Anerkennung dessen, was war, liegt die größte Kraft. Denn was gesehen wird, darf sich verändern.

11

Reflexionsfragen für dich

Nimm dir ein paar ruhige Minuten und betrachte dein inneres Bild deiner Herkunftsfamilie. Du kannst dabei die Augen schließen oder dir etwas aufschreiben:

1. **Wer gehört für dich selbstverständlich zu deiner Familie?**

2. **Gibt es jemanden, der selten erwähnt wird, der „vergessen" scheint?**

3. **Wie war die Atmosphäre in deiner Kindheit? Eher angespannt, offen, unausgesprochen?**

4. **Gab es Geheimnisse oder Tabuthemen?**

5. **Welche Rolle hattest du in der Familie? Warst du z. B. das ruhige Kind, der Vermittler, die Rebellin?**

6. **Welche dieser Rollen hast du vielleicht heute noch inne – auch wenn du sie gar nicht mehr brauchst?**

Lass deine Antworten einfach da sein – ohne zu bewerten. Es geht nicht darum, „richtig" zu analysieren, sondern zu spüren, was in dir wirkt.

Übung: Das innere Familienbild sichtbar machen

Du kannst die folgende Übung allein machen. Sie hilft dir, dein inneres Bild der Familie bewusst zu erleben:

13

o **Vorbereitung:**

Nimm dir kleine Gegenstände (z. B. Figuren, Steine, Zettel oder Spielmaterialien) und einen ruhigen Ort. Stelle eine Fläche bereit – ein Tisch oder eine Decke auf dem Boden.

o **So geht's:**

1. Stell dich selbst als Figur oder Gegenstand in die Mitte.

2. Dann füge nacheinander deine Familienmitglieder hinzu: Mutter, Vater, Geschwister, Großeltern – so, wie du es innerlich empfindest.

3. Achte auf:

    o **Abstand**: Wer steht dir nah, wer eher fern?

14

- o **Blickrichtung**: Wer schaut wen an? Wer steht mit dem Rücken zu dir?

- o **Gefühle**: Wie geht es dir, wenn du das Bild betrachtest?

Lass dieses Bild einige Minuten auf dich wirken. Vielleicht möchtest du etwas verändern – jemanden näherstellen, jemandem Raum geben, einem nicht beachteten Familienmitglied Platz machen. Tue es intuitiv und achtsam.

Am Ende der Übung kannst du das Bild so stehen lassen oder ein Foto davon machen. Vielleicht möchtest du deine Eindrücke anschließend notieren.

Merke: Dein inneres Bild ist nicht „falsch" – es ist ein Ausdruck deiner Geschichte.

15

Indem du es anschaust, ehrst du deinen eigenen Weg. Und nur, was du sehen kannst, kannst du auch verändern.

16

Kapitel 2:

Ordnung und Platz – Die drei Grundprinzipien

Die systemische Aufstellungsarbeit folgt bestimmten Grundprinzipien, die in jedem Familiensystem – unabhängig von Kultur, Herkunft oder Geschichte – wirken.

Sie sind wie unsichtbare Gesetze, die dafür sorgen, dass das System als Ganzes in Balance bleibt.

Wenn eines dieser Prinzipien verletzt wird, entstehen Spannungen, die sich oft in Form von Verstrickungen, Konflikten oder innerer Unruhe zeigen.

Die drei Grundprinzipien sind:

1. **Zugehörigkeit**

2. **Ordnung**

3. **Ausgleich von Geben und Nehmen**

Diese drei Prinzipien bilden die Basis für Heilung durch innere Ordnung. Wenn sie beachtet und geachtet werden, kann ein System in Harmonie schwingen – und jeder Mensch kann seinen Platz im Leben finden.

1. Zugehörigkeit – Jeder gehört dazu

Das erste Prinzip ist die Zugehörigkeit. Es bedeutet: **Jeder, der zum System gehört, hat das gleiche Recht, dazu zu gehören.** Ganz gleich, was jemand getan oder nicht getan hat, ob er gelebt oder nicht gelebt hat, ob er anerkannt oder vergessen wurde – wenn er Teil der Familie ist, gehört er dazu.

Das gilt für:

- verstorbene Geschwister (z. B. Fehlgeburten oder Totgeburten)

- frühere Partner von Eltern oder Großeltern

- Menschen, die ausgeschlossen wurden (z. B. durch Scham, Schuld, Tabus)

- Täter oder Opfer von schweren Schicksalen

- Kinder, die abgegeben wurden

Wenn jemand im System „nicht gezählt" wird, entsteht eine Leerstelle. Diese Leerstelle wird oft – ohne es zu wissen – von einem anderen Familienmitglied ausgefüllt.

19

Ein Kind übernimmt vielleicht unbewusst die Trauer eines nie erwähnten Onkels oder fühlt sich fremd im Leben, weil es in Wahrheit „nur das zweite Kind" ist – das erste wurde nie genannt.

Heilung beginnt mit dem Anerkennen:

„Du gehörst dazu."

„Ich sehe dich."

„Auch du hast deinen Platz."

2. Ordnung – Jeder an seinem Platz

Das zweite Prinzip ist die Ordnung. In jedem System gibt es eine natürliche Reihenfolge – meist orientiert an der Zeit und der Herkunft. Eltern kommen vor den Kindern, Erstgeborene vor Zweitgeborenen, ältere Generationen vor jüngeren. Diese Ordnung zu achten, schafft Klarheit, Halt und Stabilität.

Unordnung entsteht zum Beispiel, wenn:

- ein Kind „über" die Eltern gestellt wird (z. B. als Partnerersatz)

- ein jüngeres Geschwisterkind die Rolle des Älteren übernimmt

- jemand versucht, Verantwortung zu tragen, die nicht die eigene ist

Ein häufiges Beispiel ist das „Eltern-Kind-Vertauschen": Ein Kind übernimmt emotionale Verantwortung für die Mutter oder den Vater – tröstet, vermittelt, sorgt. Oft geschieht das in liebevoller Absicht, aber es bringt das System aus dem Gleichgewicht. Das Kind verliert seinen Platz – und damit oft auch die innere Freiheit, Kind zu sein.

Die Ordnung wiederherzustellen bedeutet, die Verantwortung dorthin zurückzugeben, wo sie hingehört. In der Aufstellungsarbeit

21

wird dies oft durch sogenannte „heilende Sätze" unterstützt, zum Beispiel:

- „Ich bin das Kind, du bist die Mutter."

- „Ich gebe dir deine Last zurück – aus Achtung vor deinem Schicksal."

- „Ich verneige mich vor deinem Leben, so wie es war."

Diese einfachen, aber kraftvollen Sätze wirken tief – nicht über den Verstand, sondern im seelischen Raum.

3. Ausgleich – Geben und Nehmen in Balance

Das dritte Prinzip ist der Ausgleich zwischen Geben und Nehmen. Es betrifft vor allem Beziehungen auf Augenhöhe – zum Beispiel zwischen Partnern, Freunden oder Geschwistern.

22

Wenn in einer Beziehung über längere Zeit mehr gegeben als genommen wird (oder umgekehrt), entsteht eine Schieflage. Dies führt zu Schuldgefühlen, Rückzug, Machtspielen oder dem Bedürfnis nach „Wiedergutmachung".

Ein gesunder Ausgleich stärkt Beziehungen. Wer gibt, gibt mit offenem Herzen. Wer nimmt, erkennt das Gegebene an – und gibt später etwas zurück. So entsteht ein Fluss der Verbindung.

Im Eltern-Kind-Verhältnis ist dieses Prinzip jedoch eingeschränkt: Eltern geben – und Kinder nehmen. Ein Kind kann die Liebe und das Leben, das es empfangen hat, niemals „zurückgeben". Es kann es aber **weitergeben** – an die eigenen Kinder, an andere Menschen, an das Leben selbst.

23

Wer gelernt hat, das Empfangene zu würdigen, lebt in Dankbarkeit – und in Fülle.

Wenn die Prinzipien verletzt sind

Wenn eines oder mehrere dieser Prinzipien verletzt sind, entstehen Symptome – im Einzelnen oder im System:

- innere Unruhe

- das Gefühl, „nicht dazu zu gehören"

- unerklärliche Schuldgefühle

- wiederkehrende Beziehungsmuster

- Burnout oder Erschöpfung

- der Wunsch, für andere zu tragen oder zu retten

Systemische Aufstellungen bringen diese Unordnung an die Oberfläche. Sie machen sichtbar, was bisher unsichtbar war. Und sie

24

bieten die Möglichkeit, über achtsames Spüren, über Positionen im Raum und über heilende Sätze eine neue Ordnung zu finden.

Reflexionsfragen für dich

1. **Gibt es in deiner Familie Menschen, die nie erwähnt wurden oder „ausgeschlossen" sind?**

2. **Wie war die Rollenverteilung in deiner Kindheit? Warst du das Kind – oder hast du dich manchmal wie ein Elternteil gefühlt?**

3. **In welchen Beziehungen erlebst du ein Ungleichgewicht zwischen Geben und Nehmen?**

4. **Gibt es jemanden, dem du innerlich etwas zurückgeben möchtest, das nicht zu dir gehört?**

5. **Fühlst du dich an deinem Platz im Leben – oder hast du das Gefühl, für jemand anderen „mitzuleben"?**

Übung: Deinen Platz finden

Vorbereitung:

Finde einen ruhigen Ort, an dem du dich einige Minuten ungestört bewegen kannst. Stell dir vor, der Raum vor dir ist ein symbolischer Ort für dein inneres Familiensystem.

Ablauf:

1. Stell dich zunächst in deinen „Platz im System". Spüre: Wie fühlt sich

26

dieser Platz an? Sicher?
Überfordernd? Fremd?

2. Gehe nun symbolisch auf den Platz
    deiner Mutter. Spüre hinein. Dann
    auf den Platz deines Vaters. Auch
    hier: einfach wahrnehmen.

3. Kehre anschließend auf deinen
    eigenen Platz zurück. Stell dir vor, du
    sagst innerlich:

**„Ich bin das Kind. Ihr seid die
Großen."**

_____

*Spüre, ob sich etwas verändert
in dir, im Körper, im Gefühl.*

_____

© Frank Heeger – zertifizierter Coach & Mee(h)r – 1. Auflage 2025

Fazit:

Ordnung ist keine starre Struktur – sie ist ein lebendiger Fluss, in dem jeder seinen Platz hat. Wenn Zugehörigkeit gewürdigt, die natürliche Reihenfolge geachtet und der Ausgleich bewusst gelebt wird, entsteht ein innerer Frieden. Dann kann das Leben freier fließen – und Liebe wird wieder möglich.

28

Kapitel 3:

Familiendynamiken verstehen

Loyalitäten, Schuld und das systemische Gewissen

Familiäre Beziehungen sind kraftvoll, tief verwurzelt – und manchmal auch kompliziert. Hinter vielen unserer inneren Konflikte, Beziehungsprobleme oder emotionalen Blockaden stehen unbewusste Dynamiken, die sich aus der Geschichte unseres Familiensystems ergeben.

Sie wirken meist im Verborgenen, aber sie bestimmen unsere Entscheidungen, unsere Gefühle und sogar unser Selbstbild – oft ohne, dass wir es bemerken.

29

In diesem Kapitel gehen wir den zentralen Fragen auf den Grund:

- **Was sind systemische Dynamiken?**
- **Warum übernehmen wir das Schicksal anderer?**
- **Was bedeutet „systemische Loyalität"?**
- **Wie können wir uns davon lösen, ohne die Verbindung zu verlieren?**

Die stille Kraft der Loyalität

Kinder sind zutiefst loyal. Diese Loyalität ist keine Entscheidung – sie ist ein natürliches Band, das durch Liebe, Bindung und Zugehörigkeit entsteht. Ein Kind will, dass es den Eltern gut geht. Es spürt früh, wenn etwas nicht stimmt. Und es versucht, zu helfen – auf seine eigene Weise.

So entstehen innere Haltungen wie:

„Wenn du leidest, darf ich auch nicht glücklich sein.“

„Ich trage für dich.“

„Ich mache es dir unbewusst nach, damit du dich nicht allein fühlst.“

Diese Loyalität wirkt oft über Generationen hinweg.

Ein Enkel übernimmt unbewusst den Schmerz seiner Großmutter. Eine Tochter wiederholt das Beziehungsmuster ihrer Mutter. Ein Sohn trägt die Wut des Vaters, die nie ausgedrückt werden durfte. All das geschieht nicht aus Schwäche, sondern aus tiefer Liebe.

Doch diese Form der Liebe führt nicht zur Lösung. Im Gegenteil: Sie bindet uns an vergangenes Leid. Der Weg in die Freiheit beginnt dort, wo wir erkennen:

Ich darf meine Eltern lieben – ohne ihr Schicksal zu tragen.

Verstrickung

Wenn die Vergangenheit in der Gegenwart lebt

Systemische Verstrickungen entstehen, wenn jemand unbewusst die Rolle oder das Schicksal eines anderen übernimmt.

Es ist, als würde sich eine Seele „anbieten", um das System zu entlasten.

Das zeigt sich in verschiedenen Formen:

- **Identifikation**: „Ich bin wie du."

- **Ausgleich**: „Ich trage für dich, damit es dir besser geht."

- **Nachfolge**: „Wenn du nicht leben durftest, dann will ich auch nicht leben."

Diese Verstrickungen zeigen sich oft als wiederkehrende Muster:

- immer wieder scheiternde Beziehungen

- das Gefühl, „fremde" Emotionen zu tragen

- Schuldgefühle ohne klaren Grund

- Selbstsabotage oder Blockaden bei Erfolg

33

- körperliche Symptome, die keine medizinische Ursache haben

Systemische Aufstellungen helfen, diese Dynamiken sichtbar zu machen. Sie zeigen, dass hinter vielen Problemen keine individuelle „Schuld" liegt – sondern eine tiefe, unbewusste Bindung an das Familiensystem.

Das systemische Gewissen

Ein Schlüssel zum Verständnis familiärer Dynamiken ist das Konzept des **systemischen Gewissens**. Es unterscheidet sich grundlegend vom persönlichen oder moralischen Gewissen.

Das systemische Gewissen sorgt dafür, dass die Zugehörigkeit zum Familiensystem gewahrt bleibt – koste es, was es wolle.

Es ist ein innerer Mechanismus, der uns warnt, wenn wir drohen, uns zu entfernen:

- Wenn wir erfolgreicher werden als unsere Eltern

- Wenn wir eigene Wege gehen, die in der Familie ungewohnt sind

- Wenn wir Themen ansprechen, die bisher tabu waren

- Wenn wir „nein" sagen, wo bisher immer „ja" erwartet wurde

Das systemische Gewissen meldet sich dann oft mit einem schlechten Gefühl wie Schuld, Angst, Scham.

© Frank Heeger – zertifizierter Coach & Mee(h)r – 1. Auflage 2025

Doch dieses Gefühl ist kein Zeichen für etwas Falsches, sondern ein Hinweis:

- Du verlässt das vertraute Muster.

Wahre Heilung entsteht, wenn wir lernen, diese innere Stimme zu hören und dennoch unserem eigenen Weg zu folgen.

Nicht in Ablehnung, sondern in **Anerkennung des Systems und in Liebe zu uns selbst.**

Loyalität wandeln, in Verbindung bleiben

Viele Menschen fürchten, dass sie durch Loslösung aus der Verstrickung ihre Familie „verraten".

Doch das Gegenteil ist der Fall:

Wenn du deine eigene Last erkennst und zurückgibst, was nicht zu dir gehört, **ehrst du das Familiensystem.**

Du nimmst deinen Platz ein, in Würde und Verantwortung.

Heilende Schritte, innere Schritte wie:

„Liebe Mama, lieber Papa, ich sehe euer Schicksal. Und ich lasse es bei euch."
„Ich trage es nicht länger – aus Achtung vor dir."
„Ich darf leben. Ich darf glücklich sein."

- Aufstellungen, in denen du bewusst deinen Platz einnimmst

- Rituale, in denen du symbolisch zurückgibst, was nicht zu dir gehört

- das Schreiben eines Briefes (auch wenn er nicht abgeschickt wird)

Diese Schritte brauchen Zeit. Sie verlangen Achtsamkeit, inneres Mitgefühl und manchmal auch Unterstützung. Doch sie öffnen die Tür zu einem Leben, das wirklich deins ist.

Reflexionsfragen für dich

- **Welche Gefühle oder Muster in deinem Leben scheinen dir „fremd" – als ob sie nicht zu dir gehören?**

- **Gibt es in deiner Familie ein Schicksal, das dich besonders berührt – vielleicht ohne erklärbaren Grund?**

- **Hast du manchmal das Gefühl, jemandem etwas „zurückzahlen"** oder „wiedergutmachen" zu müssen?

- **Wen liebst du so sehr, dass du (unbewusst) bereit wärst, für ihn oder sie zu leiden?**

- **Wie würde sich dein Leben verändern, wenn du diese Verantwortung loslassen würdest?**

Übung: Die verborgene Bindung erkennen

○ **Vorbereitung:**

Nimm dir ein Blatt Papier und schreibe oben deinen Namen. Darunter schreibe intuitiv einen Namen aus deiner Familie, zu dem du eine besondere, vielleicht schwere Verbindung spürst.

- o **Ablauf:**

Schreibe spontan zu diesem Menschen:

- o Was hast du von ihm/ihr übernommen?
- o Welche deiner Verhaltensweisen könnten mit ihm/ihr in Verbindung stehen?
- o Gibt es etwas, das du für ihn/sie trägst?

Dann schreibe folgende Sätze auf (und sprich sie laut):

„Ich sehe dein Schicksal."

„Ich ehre dich."

„Und ich lasse es jetzt bei dir."

„Ich darf mein eigenes Leben leben."

40

Beobachte, wie es dir dabei

geht. Vielleicht willst du das

Blatt anschließend verbrennen

oder symbolisch zurückgeben.

Fazit

Familiendynamiken wirken tief - oft tiefer, als uns bewusst ist. Doch wir müssen ihnen nicht ausgeliefert sein. Indem wir sie erkennen, anerkennen und behutsam wandeln, öffnen wir uns für ein freieres, leichteres Leben.

Systemische Aufstellung ist kein Urteil über die Vergangenheit – sondern eine liebevolle Einladung, die Gegenwart neu zu gestalten.

Kapitel 4:

Die Rolle des inneren Kindes

Kindliche Muster erkennen und liebevoll heilen

In jeder und jedem von uns lebt ein inneres Kind – jener Teil unserer Persönlichkeit, der unsere Kindheitserfahrungen, unsere frühen Prägungen und unsere kindlichen Gefühle in sich trägt. Es ist der Teil in uns, der einst bedingungslos liebte, neugierig war, verletzlich, verspielt, aber auch abhängig und zutiefst loyal.

Dieses innere Kind lebt nicht in der Vergangenheit – es lebt in der Gegenwart. Es wirkt in unserem heutigen Erleben, in unseren Beziehungen, in Momenten von Angst, Rückzug oder Sehnsucht.

Besonders dann, wenn wir emotional überreagieren, das Gefühl haben, „nicht gehört" oder „nicht gesehen" zu werden, wenn wir uns klein oder hilflos fühlen – dann meldet sich oft unser inneres Kind zu Wort.

In der systemischen Aufstellungsarbeit ist das innere Kind ein zentraler Schlüssel zur Heilung.

Denn viele systemische Verstrickungen beginnen in der Kindheit: in Momenten, in denen wir für unsere Eltern Verantwortung übernommen haben, in denen wir unsere Gefühle zurückhalten mussten, um dazugehören zu dürfen, oder in denen wir gelernt haben, uns selbst zu verlassen, um anderen nahe zu sein.

43

Das verletzte Kind in uns

Kein Kind wächst in einem perfekten Umfeld auf. Und das ist auch nicht notwendig. Doch dort, wo emotionale Grundbedürfnisse dauerhaft ungestillt blieben – etwa nach Sicherheit, Nähe, Trost oder gesehen werden – entstehen oft Schutzmechanismen.

Ein Kind, das nicht gehört wird, lernt, zu schweigen. Ein Kind, das keine liebevolle Aufmerksamkeit bekommt, lernt, zu funktionieren.

Ein Kind, das Streit erlebt, übernimmt unbewusst Verantwortung für Harmonie.

Diese kindlichen Strategien helfen kurzfristig zu überleben – langfristig aber binden sie uns.

44

Sie werden zu Mustern, die wir auch als Erwachsene fortsetzen, meist unbewusst:

- Wir vermeiden Konflikte, um geliebt zu werden.

- Wir kümmern uns um andere, ohne auf unsere Grenzen zu achten.

- Wir suchen Bestätigung im Außen, weil wir sie im Inneren nie erfahren haben.

- Wir erwarten, dass andere unsere unerfüllten Kindheitsbedürfnisse stillen.

Solche Muster zeigen sich oft in unseren engen Beziehungen: als übermäßige Anpassung, Rückzug bei Kritik, Angst vor Nähe oder übergroße Verantwortung für den Partner oder die Kinder. Das innere Kind

45

meldet sich mit alten Ängsten – obwohl wir längst erwachsen sind.

Das innere Kind in der Aufstellungsarbeit

In systemischen Aufstellungen kann das innere Kind als eigene Stellvertreterfigur aufgestellt werden. Oft wird dabei sichtbar, wie sehr es noch mit einem Elternteil verbunden ist, wie sehr es Verantwortung übernommen hat oder wie sehr es sich nach etwas sehnt, das nie erfüllt wurde.

Ein typisches Beispiel:

Eine Frau fühlt sich in ihrem Leben ständig erschöpft und überfordert. In der Aufstellung zeigt sich: Ihr inneres Kind steht nah bei der Mutter – an einem Platz, der nicht dem eines

46

Kindes entspricht. Es schaut sorgend auf sie, nicht spielerisch oder empfangend. Es hat früh gelernt, sich um die Mutter zu kümmern. Die Frau lebt noch heute – innerlich – aus dieser Haltung heraus. Erst als das innere Kind anerkannt wird, zurücktreten darf und einen neuen, sicheren Platz bekommt, kann sich bei der Frau spürbar etwas lösen.

Das Ziel der Arbeit mit dem inneren Kind ist nicht, „alte Wunden aufzureißen", sondern dem inneren Kind heute das zu geben, was es damals gebraucht hätte: Aufmerksamkeit, Halt, Mitgefühl und den Raum, einfach Kind sein zu dürfen.

© Frank Heeger – zertifizierter Coach & Mee(h)r – 1. Auflage 2025

Vom Überlebensmodus in die Lebendigkeit

Das innere Kind lebt weiter in uns – und es darf heute neu erfahren, dass es nicht mehr allein ist. Als Erwachsene haben wir die Möglichkeit, die Verantwortung für dieses innere Kind zu übernehmen. Wir können ihm zuhören, es trösten, es schützen – und vor allem: wir können **uns selbst Eltern sein.**

Das bedeutet nicht, die Vergangenheit schönzureden oder die Eltern zu idealisieren. Es bedeutet vielmehr, anzuerkennen: **Was war, war. Und heute bin ich groß. Ich kann mich selbst versorgen – emotional, geistig und körperlich.**

Diese innere Reifung ist der Weg in die Selbstverantwortung – und zugleich in die

48

Freiheit. Denn wenn das innere Kind sich sicher fühlt, kann der Erwachsene klar entscheiden, handeln und lieben – ohne von alten Mustern gesteuert zu werden.

Reflexionsfragen für dich

1. **Wann in deinem Alltag fühlst du dich klein, überfordert oder hilflos?**

2. **Gibt es Situationen, in denen du emotional überreagierst – obwohl du es nicht willst?**

3. **Was hätte dein inneres Kind damals am meisten gebraucht?**

4. **Wie sprichst du innerlich mit dir selbst – wie ein liebevoller**

49

Erwachsener oder eher kritisch
wie einst deine Eltern?

5. **Was könntest du heute tun, um
deinem inneren Kind Schutz,
Liebe oder Leichtigkeit zu
schenken?**

Übung: Begegnung mit deinem inneren Kind

Vorbereitung:

- Finde einen ruhigen Ort, an dem du
für einige Minuten ungestört bist.

- Schließe die Augen und atme ruhig
ein und aus.

Ablauf:

1. Stell dir vor, du gehst langsam einen
Weg entlang. Am Ende dieses Weges

50

sitzt dein inneres Kind – so alt, wie es dir gerade erscheint. Es wartet auf dich.

2. Schau es an. Wie sieht es aus? Wie fühlt es sich? Was spürst du in deinem Herzen?

3. Setze dich zu ihm. Sag ihm innerlich:
   „Ich bin jetzt da."
   „Du bist nicht mehr allein."
   „Ich sehe dich. Ich nehme dich an – mit allem, was du fühlst."

4. Nimm das Kind symbolisch in den Arm – wenn es das möchte. Oder sei einfach nur da.

5. Verabschiede dich fürs Erste liebevoll. Versprich ihm, dass du wiederkommst.

© Frank Heeger – zertifizierter Coach & Mee(h)r – 1. Auflage 2025

Nachklang:

Vielleicht möchtest du anschließend etwas aufschreiben:

- Was hast Du gesehen?
- Was hast Du gefühlt?
- Was hat dich berührt?

Nehme bewusst alle Sinne bei Deiner Wahrnehmung mit!

Fazit

Das innere Kind ist kein Schwächezeichen, es ist eine Quelle tiefer Lebendigkeit, Kreativität und emotionaler Wahrheit.

Wenn wir lernen, es liebevoll anzunehmen und zu begleiten, befreien wir uns aus alten Mustern.

Wir beginnen, Verantwortung für unser heutiges Leben zu übernehmen und öffnen uns für eine neue Tiefe der Selbstverbindung.

In der systemischen Aufstellungsarbeit ist die Begegnung mit dem inneren Kind oft der erste Schritt in Richtung Heilung.

Denn dort, wo das Kind sich wieder sicher fühlen darf, kann der Erwachsene in uns endlich ankommen.

53

Kapitel 5:

Stellvertreter und Resonanz

Wie Aufstellungen wirken – das wissende Feld verstehen

> ➢ Wer zum ersten Mal an einer systemischen Aufstellung teilnimmt, ist oft erstaunt:

> ➢ Wie können völlig fremde Menschen Gefühle, Gedanken oder Körperempfindungen von Personen wahrnehmen, die sie nie getroffen haben?

> ➢ Wie ist es möglich, dass durch das bloße „Stellen" von Personen im Raum tiefe emotionale Prozesse ausgelöst werden?

> ➢ Warum fühlt sich das, was in einer Aufstellung sichtbar wird, oft so klar und wahr an?

Die Antwort liegt in zwei zentralen Phänomenen, die die Grundlage jeder systemischen Aufstellung bilden:

Stellvertretung und Resonanz.

In diesem Kapitel wollen wir diesen beiden Phänomenen auf den Grund gehen, sachlich, und offen für das, was sich nicht vollständig erklären lässt.

Stellvertreter, Platzhalter für das Unsichtbare

In einer systemischen Aufstellung stellt der Klient sein inneres Bild eines Systems im Raum auf.

Oft mit Hilfe von Menschen, also Stellvertreter oder auch mit Figuren, Symbolen oder optischen Bodenankern.

Diese Stellvertreter repräsentieren zum Beispiel:

- Familienmitglieder (Mutter, Vater, Geschwister, Großeltern …)

- Eigenschaften und Aspekte der Persönlichkeit (z. B. das innere Kind, Gefühlen wie Wut, Angst…)

- Symptome (z.B. Kopfschmerzen, Ohrensausen)

56

- Umwelt, Umgebung, abstrakte Themen (Beruf, Geld, Entscheidung…)

Sobald die Stellvertreter in den Raum (das Feld) gestellt werden, beginnen sie, nur über eigene Wahrnehmung bestimmte Gefühle, Körperempfindungen aufzuspüren und ihrem spontanen Impuls nachzugehen.

Ohne Details über die reale Person, Situation oder Symptom etwas zu wissen, spüren sie intuitiv und genau, wie sich z.B. diese Person fühlt, was ihr fehlt oder wie sie zu den anderen im System zeigt.

Dieses Phänomen ist von außen verblüffend und doch in zahllosen Aufstellungen weltweit immer wieder spürbar und erlebbar.

Der „Auftraggeber", die Person, die ihre jetzige Lebens-Situation ändern, verstehen

57

und verändern möchte, ist in der Beobachter-Rolle und nimmt dieses seltsam erscheinende Phänomen wahr.

Wichtig: Die Stellvertreter „spielen" nichts, interpretieren nichts! Sie versetzen sich nicht bewusst gesteuert in Jemanden hinein. Es geschieht ohne eigene bewusste Bewertung.

Vielmehr lassen sie sich innerlich leer werden und empfangen genau die Wahrnehmung, die sich momentan zeigt. Diese Wahrnehmung ist klar, intuitiv und körperlich spürbar.

Das wissende Feld, mehr als individuelle Wahrnehmung

Die systemische Aufstellung basiert auf der Vorstellung eines **„wissenden Feldes"** – ein Begriff, der erstmals von dem Psychologen Albrecht Mahr *(ISAIL-Institut für systemische Aufstellung und integrative Lösungen Würzburg)* eingeführt wurde.

Dieses Feld ist ein energetisch-informativer Raum, in dem alle Informationen über ein System gespeichert sind.

Es ist vergleichbar mit dem, was in anderen Kontexten als kollektives Unbewusstes, morphogenetisches Feld *(nach Rupert Sheldrake)* oder spirituell gesprochen, als Seele eines Systems bezeichnet wird.

Wenn wir eine Aufstellung machen, treten alle Beteiligten in Kontakt mit diesem morphogenetischen Feld.

Die Stellvertreter werden zu Empfängern – sie nehmen wahr und auf, was im Feld an Informationen, Gefühlen und Bewegungen vorhanden ist.

Das geschieht jenseits von Logik oder kognitiver Interpretation. Es ist ein fühlendes, unmittelbares Wissen.

Diese Art von Wahrnehmung ist nicht geheimnisvoll oder esoterisch – sie ist eine Fähigkeit, die in jedem Menschen angelegt ist.

Voraussetzung ist eine innere Offenheit, Achtsamkeit und die Bereitschaft, sich selbst zurückzunehmen, um etwas Größeres durch sich wirken zu lassen.

Resonanz – Spiegel der inneren Bewegung

Resonanz bedeutet, dass etwas in uns in Schwingung geht – im Einklang mit einem anderen Menschen, einem Thema oder einer Situation.

In der Aufstellungsarbeit wirkt Resonanz auf mehreren Ebenen:

1. **Die Stellvertreter resonieren mit dem Feld des Systems.**
   Sie spüren Gefühle, Spannungen oder Bewegungsimpulse, die sie nicht aus sich selbst erzeugen, sondern die sie durch das System hindurch empfangen.

61

2. **Der Klient resoniert mit dem Geschehen.**

   Während er von außen zuschaut, erlebt er meist tiefe emotionale Reaktionen: Tränen, Erkenntnisse, Erleichterung, Widerstände. Sein inneres Bild beginnt sich zu verändern.

3. **Auch das Umfeld (die Gruppe, der Raum) kann in Resonanz treten.**

   Nicht selten erleben Zuschauer Ähnlichkeiten mit eigenen Themen. Eine Aufstellung wirkt oft über das individuelle Anliegen hinaus.

Resonanz bedeutet:

Was im System in Bewegung kommt, berührt auch das Innere der Beteiligten.

Es entsteht ein Raum für Veränderung –
nicht über Worte, sondern über das Erleben.

Was in einer Aufstellung geschieht

Typischerweise läuft eine Aufstellung in
mehreren Phasen ab:

1. **Das Stellen**: Der Klient stellt sein
   inneres Bild auf – entweder intuitiv
   oder nach kurzer Rücksprache mit
   dem Aufstellungsleiter.

2. **Das Wahrnehmen**: Die
   Stellvertreter nehmen ihre Positionen
   ein und beginnen, ihre
   Empfindungen zu beschreiben.

63

3. **Das Umstellen, Verändern von Positionen**: Die Stellvertreter nehmen intuitiv Stellungsänderungen vor, Reaktionen und Positionen untereinander werden deutlich!

4. **Das Erkennen**: Muster, Spannungen, Ausgeschlossene oder Verstrickungen werden sichtbar. Oft zeigen sich überraschende Konstellationen.

5. **Die Lösung**: Durch achtsames Umstellen, das Einfügen fehlender Personen, symbolische Sätze oder Rituale entsteht eine neue Ordnung.

6. **Das Nachwirken**: Der Klient nimmt das neue Bild – das Lösungsbild - in sich auf – es wirkt weiter, oft über Tage oder Wochen.

64

Wichtig dabei: Die neue Situation, das entstandene Lösungsbild wird nachbearbeitet, Erkenntnisse gewonnen und Veränderungsprozesse angeschubst.

Eine Aufstellung ist keine Therapie im klassischen Sinn. Sie ersetzt keine psychologische Begleitung, kann jedoch tiefgehende Prozesse in Gang setzen – mit nachhaltiger Wirkung.

Stellvertreter sein – eine besondere Erfahrung

Wer als Stellvertreter in einer Aufstellung mitwirkt, erlebt häufig etwas sehr Bewegendes:

Plötzlich fühlt man sich z.B. traurig, obwohl es keinen kognitiv erklärbaren Grund dafür gibt.

Gefühle wie „spüre einen Druck auf der Brust" verdeutlichen evtl. eine Abwehr, eine Sehnsucht – genau wie die reale Person, die der Stellvertreter grad darstellt.

Diese Erfahrung führt zu einem neuen Verständnis für menschliche Verbundenheit, für die Tiefe seelischer Zusammenhänge und für das eigene Mitgefühl.

Teilnehmende Menschen berichten, dass sie durch das Stellvertretersein selbst heilsame Impulse für ihr eigenes Leben erhalten haben.

Reflexionsfragen für dich

1. **Warst du schon einmal Stellvertreter in einer Aufstellung? Wenn ja – was hast du gespürt?**

2. **Gibt es Situationen in deinem Leben, in denen du plötzlich Gefühle „von außen" zu übernehmen scheinst?**

3. **Wie offen bist du für intuitive Wahrnehmung? Vertraust du deinem inneren Spüren?**

4. **Wie gehst du damit um, wenn du emotional stark auf das Leid anderer reagierst?**

Übung: Resonanz im Alltag erkennen

Auch ohne eine offizielle Aufstellung kannst du das Prinzip der Resonanz in deinem Alltag beobachten. Nimm dir einige Tage Zeit und achte bewusst auf folgende Situationen:

- Welche Menschen lösen starke Reaktionen in dir aus – positive oder negative?

- Gibt es Themen (z. B. Schuld, Ablehnung, Erfolg), auf die du besonders empfindlich reagierst?

- Was könnten diese Reaktionen über dich und dein eigenes System sagen?

Notiere deine Beobachtungen. Vielleicht entdeckst du Hinweise auf alte Bindungen, ungelöste Themen oder Anteile in dir, die noch gesehen werden wollen.

Fazit

Die Kraft der Aufstellungsarbeit liegt nicht im Verstand, sondern im Erleben. Stellvertretung und Resonanz sind keine erklärbaren Techniken, sondern Ausdruck einer tieferen Verbindung, die zwischen Menschen besteht – auch jenseits von Raum, Zeit und Wissen.

Indem wir diese Verbindung würdigen und nutzen, öffnen wir uns für Erkenntnis, Mitgefühl und Veränderung. Eine Aufstellung kann uns zeigen, was unsere Seele längst weiß – und uns erinnern, dass wir Teil eines größeren Ganzen sind.

© Frank Heeger – zertifizierter Coach & Mee(h)r – 1. Auflage 2025

Kapitel 6

Selbstaufstellungen im Alltag

Innere Bilder klären – auch ohne Stellvertreter

Systemische Aufstellungen werden in der Regel im Rahmen von Gruppen- oder Einzelsitzungen durchgeführt.

Dabei werden Personen als Stellvertreter in den Raum gestellt oder Symbole genutzt, um ein inneres Bild sichtbar zu machen. Doch nicht immer ist eine Gruppe verfügbar – und nicht jeder möchte sich sofort professionell begleiten lassen.

Die gute Nachricht ist: Du kannst viele Aspekte der Aufstellungsarbeit auch selbst nutzen – ganz im Alltag, achtsam, kreativ und in deinem eigenen Tempo.

Eine **Selbstaufstellung** ermöglicht dir, deine inneren Bilder zu erkennen, zu klären und zu verändern – und das auf erstaunlich wirksame Weise.

In diesem Kapitel zeige ich dir, wie du mit einfachen Mitteln deine Themen aufstellen kannst, welche Formen es gibt und worauf du achten solltest, wenn du allein arbeitest.

Was ist eine Selbstaufstellung?

Bei einer Selbstaufstellung versetzt du dich achtsam in die Position beteiligter Personen wie Familienmitglieder, Freunde, Kollegen, auch Anteile oder Aspekte deines Themas – entweder durch Imagination, Bewegung im Raum oder mit Hilfe von Symbolen (z. B. Figuren, Platzhalter, Zettel).

Du nimmst wahr, wie sich jeder Platz anfühlt, was du dort empfindest, denkst oder brauchst.

Es entsteht ein inneres Bild, das dir mehr zeigt und sagt als viele Worte.

Ziel ist nicht, die perfekte Lösung zu finden, sondern **ein tieferes Verstehen der Situation**.

Bereits das bewusste Hineinspüren in ein inneres Bild kann überraschende Erkenntnisse bringen – und neue Handlungsspielräume eröffnen.

Formen der Selbstaufstellung

Es gibt verschiedene Methoden, wie du allein mit Aufstellungen arbeiten kannst.

Hier sind die wichtigsten:

1. Symbolaufstellung mit Gegenständen

Du brauchst:

- kleine Figuren (z. B. aus Holz, Spielzeug, Steine, Knöpfe, Zettel)

- eine freie Fläche (Tisch, Boden, großes Blatt Papier)

So geht's:

1. Wähle intuitiv das Thema, das du klären und aufstellen möchtest (z. B. deine Situation Deiner Familie, deiner Beziehung oder ein innerer Konflikt).

2. Ordne die gewählten Symbole so an, wie es deinem inneren Bild entspricht.

73

3. Betrachte die Anordnung:

    - Wer steht wem nahe?

    - Wer ist abgewendet?

    - Wer fehlt? Was fehlt?

    - Wie stehen die Personen zueinander? (nah oder dicht, zugewandt oder wegschauend)

4. Spüre dich in jeden Platz mit Deiner Wahrnehmung hinein.

Frage dich:

- Wie fühlt sich dieses Symbol, dieser Platz an?

- Was wird das Symbol, dieser Platz sagen?

- Was wird gesehen, was wird übersehen, was muss ergänzt werden?

74

5. Verändere die Anordnung intuitiv und schrittweise, spüre wie die Dynamik sich verändert.

Diese Form der Aufstellung eignet sich besonders gut für visuell und räumlich orientierte Menschen.

---

2. Bodenanker-Aufstellung

Du brauchst:

- Zettel oder Karten mit Namen oder Begriffen

- etwas Platz zum Gehen und Stehen

So geht's:

1. Beschrifte Zettel mit den beteiligten Personen oder Aspekten deines Themas.

2. Lege die Zettel auf dem Boden aus – entsprechend deinem inneren Bild.

3. Stelle dich nacheinander auf jeden Zettel.

4. Spüre, was du dort wahrnimmst: Gefühle, Emotionen, Körperempfindungen, Gedanken.

5. Sprich evtl. innere Sätze laut aus, z. B.: **„Ich sehe dich.", „Ich lasse das bei dir.", „Ich nehme meinen Platz ein."**

76

Diese Methode eignet sich gut,

wenn du über deinen Körper

Zugang zu Gefühlen und

Emotionen findest.

---

3. Innere Aufstellung (Imagination)

Du brauchst:

- einen ruhigen Ort und nehme dir Zeit (ca. 15–20 Minuten)

So geht's:

1. Schließe die Augen und atme einige Male tief ein und aus.

2. Stell dir dein Thema wie eine Szene vor: ein Raum, in dem die beteiligten Personen oder Anteile anwesend sind.

77

3. Beobachte: Wer steht wo? Wie sind die Abstände? Wer schaut wen an? Wie ist die Atmosphäre?

4. Spüre nacheinander in jede Person hinein. Du kannst dabei innerlich den Platz wechseln.

5. Wenn sich etwas zeigen möchte (ein Satz, ein Bild, eine Geste), gib dem Raum.

6. Lass am Ende ein neues, stimmigeres Bild entstehen.

Vielleicht rückt jemand näher, jemand darf sich setzen, jemand darf gesehen werden.

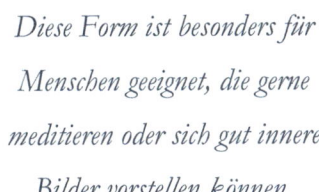
Diese Form ist besonders für

Menschen geeignet, die gerne

meditieren oder sich gut innere

Bilder vorstellen können.

Wichtige Hinweise für die

Selbstarbeit

Auch wenn Selbstaufstellungen kraftvoll sein

können, gilt es einige Dinge zu beachten:

- **Arbeite nur mit Themen, für die du dich innerlich bereit fühlst.** Wenn dich etwas überfordert, brich die Übung ab – das ist völlig in Ordnung.

79

- **Halte dich an einfache Konstellationen.** Je komplexer ein Familiensystem ist, desto schwieriger ist es, allein die Dynamik zu erfassen.

- **Nimm deine Gefühle ernst.** Was sich zeigt, darf da sein – auch wenn es schmerzhaft oder überraschend ist.

- **Gib dir Zeit für Integration.** Auch eine kleine Aufstellung kann innerlich viel bewegen. Nimm dir danach Raum für Ruhe, Natur, Schreiben oder Austausch.

Wenn du merkst, dass ein Thema dich stark emotional berührt, kann es sinnvoll sein, dir professionelle Unterstützung zu holen.

Reflexionsfragen für dich

1. **Hast du schon einmal dein inneres Bild einer Beziehung oder deiner Familie visualisiert? Wie war es?**

2. **Welche Methode der Selbstaufstellung spricht dich spontan am meisten an?**

3. **Gibt es ein aktuelles Thema in deinem Leben, das du gerne aufstellen würdest?**

4. **Was könntest du gewinnen, wenn du dein inneres Bild veränderst – ganz in deinem Tempo und in deinem sicheren Raum?**

Übung: Mini-Aufstellung zur Klärung eines Themas

Ziel: Einen inneren Konflikt oder ein Thema sichtbar machen und entlasten.

Vorbereitung:

Nimm 3–5 kleine Gegenstände, die symbolisch für folgende Elemente stehen können:

- Ich

- Mein Thema (z. B. Angst, Entscheidung, Schuld)

- Ein möglicher Auslöser (Person, Situation)

- Eine Kraftquelle (z. B. Vertrauen, innere Stärke, Ahnen)

Ablauf:

1. Stell dich selbst und die anderen Symbole in Beziehung zueinander auf einem Tisch oder dem Boden.

2. Frage dich:

- Wer steht mir nah?

- Was halte ich fest?

- Was fehlt vielleicht noch?

3. Spüre, nehme wahr:

- Was fühlt sich eng, was weit an?

4. Probiere eine kleine Veränderung, z. B. den Abstand verändern, ein Symbol entfernen oder hinzufügen.

5. Beobachte, wie sich dein Gefühl zum Thema verändert.

Am Ende kannst du ein Foto

machen oder eine Skizze oder

zeichne, dein neues Bild!

Fazit

Selbstaufstellungen sind ein wunderbarer Weg, sich selbst zu begegnen und mit sich ehrlich, still und achtsam umgehen. Aufstellungen helfen dir, Verantwortung zu übernehmen für deine inneren Bilder. Aufstellungen laden dich ein, neue Ordnungen zu erproben, noch bevor du sie im Realen, im Außen lebst.

Du brauchst dazu keine besondere Technik, nur die Entscheidung und den Mut

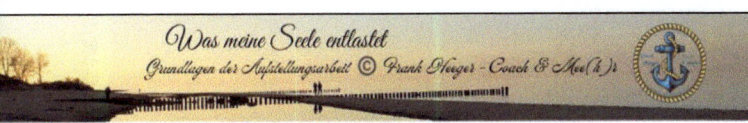

hinzuschauen und die Bereitschaft, deinem

inneren Erleben zu vertrauen.

Die Veränderung beginnt oft

dort, wo du in dir selbst etwas

neu ordnest. Der Rest folgt.

Schritt für Schritt.

© Frank Heeger – zertifizierter Coach & Mee(h)r – 1. Auflage 2025

Kapitel 7

Beziehungsthemen aufstellen

Partnerschaft verstehen, Trennung heilen, die Liebe neu ordnen

Kaum ein Lebensbereich bringt unsere inneren Muster, Hoffnungen und Wunden so sehr an die Oberfläche wie Partnerschaft. In der Begegnung mit einem geliebten Menschen werden wir tief berührt – und leider manchmal auch tief verunsichert.

Nähe, Bindung, Konflikte, Rückzug, Eifersucht oder emotionale Abhängigkeit: All das sind nicht nur persönliche Themen, sondern oft Ausdruck tiefer liegender systemischer Dynamiken.

Systemische Aufstellungen ermöglichen es, Beziehungsthemen auf einer tieferen Ebene zu erkennen und zu wandeln.

Sie zeigen uns:

Wir lieben nicht im luftleeren Raum.

Unsere Vorstellungen von Nähe, unsere Angst vor Verlassenwerden oder unser Bedürfnis nach Kontrolle wurzeln oft in unserer Herkunftsfamilie – und wirken im Jetzt weiter.

In diesem Kapitel erfährst du, wie du Beziehungsthemen mithilfe der Aufstellungsarbeit betrachten kannst – und wie du Schritt für Schritt mehr Klarheit, Selbstverantwortung und Herzensfreiheit gewinnst.

Die unsichtbare Mitgift der Herkunftsfamilie

Beziehungen beginnen selten bei Null. Oft treten zwei Menschen mit einem unsichtbaren Rucksack in eine Partnerschaft: gefüllt mit Prägungen aus der Kindheit, mit Bildern von Liebe, Rollenverständnis, Nähe und Verantwortung.

Einige Beispiele:

- Wer als Kind lernen musste, sich um einen Elternteil zu kümmern, neigt später dazu, auch in Beziehungen „die Starke" oder „der Retter" zu sein.

- Wer emotionale Vernachlässigung erlebt hat, sucht in der Partnerschaft intensive Bestätigung – manchmal in übermäßiger Abhängigkeit.

- Wer Trennung oder Verlust früh erfahren hat, entwickelt oft eine übersteigerte Angst vor Verlassenwerden – und kontrolliert unbewusst den Partner.

Diese Muster sind nicht „falsch". Sie waren einst eine Überlebensstrategie. Doch in einer erwachsenen Partnerschaft sind sie oft hinderlich – und führen zu wiederkehrenden Konflikten.

© Frank Heeger – zertifizierter Coach & Mee(h)r – 1. Auflage 2025

Wenn die Vergangenheit die Liebe stört

In Aufstellungen zeigt sich oft, dass ein Partner gar nicht wirklich den aktuellen Menschen anschaut, sondern innerlich an jemand anderem „hängt" … einer früheren Beziehung, einem Elternteil, einem verlorenen Zwilling, einem alten Schmerz.

Typische Dynamiken sind:

- **Verwechslung**: Man behandelt den Partner wie den Vater oder die Mutter – oft unbewusst.

- **Loyalität**: Man hält sich zurück, um nicht „glücklicher als die Eltern" zu sein.

- **Wiederholung**: Man gerät immer wieder an denselben Beziehungstyp – obwohl man das gar nicht will.

- **Bindungsangst**: Nähe wird mit Abhängigkeit oder Schmerz verknüpft und deshalb vermieden.

- **Trennungswunde**: Nach einer Trennung bleibt eine tiefe Leere – weil ein Teil der Seele noch gebunden ist.

Systemische Aufstellungen helfen, diese Verstrickungen sichtbar zu machen – ohne Schuldzuweisung, sondern mit einem liebevollen Blick auf das, was wirkt.

© Frank Heeger – zertifizierter Coach & Mee(h)r – 1. Auflage 2025

Die Kraft der inneren Klärung

Eine der heilsamsten Erfahrungen in der systemischen Arbeit ist die Erkenntnis:

Ich bin nicht meine Geschichte. Ich darf sie verstehen – und mich dennoch neu entscheiden.

In der Aufstellungsarbeit zu Beziehungsthemen geht es nicht darum, den Partner zu „verändern". Es geht darum, den eigenen inneren Platz zu klären:

- Bin ich im Erwachsenen-Ich – oder agiere ich aus einem kindlichen Anteil heraus?

- Bin ich offen für Nähe – oder halte ich unbewusst auf Abstand?

- Trage ich etwas, das gar nicht zu mir gehört?

- Ist mein Herz frei – oder bin ich innerlich noch an jemanden gebunden?

Wenn diese Fragen ehrlich beantwortet werden, entsteht ein Raum für echte Begegnung – oder eine friedliche, bewusste Trennung, wenn der Weg sich trennen will.

Trennung als seelischer Prozess

Manche Beziehungen enden im Außen – aber innerlich bleiben wir gebunden. Der andere lebt weiter in unseren Gedanken, in unseren Wünschen, in unserem Schmerz.

93

Besonders bei ungeklärten Trennungen oder emotionalen Verletzungen kann es hilfreich sein, den Trennungsprozess systemisch zu begleiten.

Eine Aufstellung kann dabei unterstützen:

- das Band zu würdigen, das einst verbunden hat

- sich gegenseitig anzuerkennen – ohne Vorwürfe

- zurückzugeben, was nicht mehr getragen werden muss

- sich innerlich zu verabschieden

Erst wenn die innere Bindung gelöst ist, wird der Blick frei für Neues – sei es ein

94

Neubeginn mit sich selbst oder mit einem anderen Menschen.

Liebe in systemischer Ordnung

In einer systemisch gesunden Partnerschaft stehen beide Partner auf Augenhöhe – jeder auf seinem Platz, in seiner Verantwortung. Niemand muss den anderen „retten" oder „tragen". Jeder darf frei sein – und dennoch verbunden.

Typische heilende Sätze in einer partnerschaftlichen Aufstellung könnten sein:

- **„Ich bin die Frau / der Mann an deiner Seite – nicht dein Vater oder deine Mutter."**

© Frank Heeger – zertifizierter Coach & Mee(h)r – 1. Auflage 2025

- „Ich lasse deine Geschichte bei dir – und nehme meine eigene an.“

- „Ich sehe dich – so wie du bist. Und ich zeige mich – so wie ich bin.“

Wenn diese Haltung gelebt wird, entsteht Raum für eine tiefe, freie und erwachsene Liebe.

Reflexionsfragen für dich

1. **Was sind deine frühesten Erinnerungen an „Liebe“ oder „Partnerschaft“ – aus dem Familiensystem?**

© Frank Heeger – zertifizierter Coach & Mee(h)r – 1. Auflage 2025

2. **In welchen Situationen verhältst du dich in der Beziehung „wie ferngesteuert"?**

3. **Gibt es ein altes Band, dass du innerlich noch nicht gelöst hast (z. B. eine frühere Beziehung oder einen Elternteil)?**

4. **Welche Rolle übernimmst du häufig in Beziehungen – und entspricht sie wirklich dir?**

5. **Was würde sich verändern, wenn du ganz bei dir bleiben und dennoch lieben könntest?**

© Frank Heeger – zertifizierter Coach & Mee(h)r – 1. Auflage 2025

Übung: Die innere Beziehung aufstellen

Ziel: Klarheit gewinnen über dein inneres Bild von Partnerschaft.

Vorbereitung:

Nimm zwei Zettel oder Figuren. Beschrifte einen mit „Ich" und den anderen mit „Partner" (aktuell oder als allgemeines Symbol).

Ablauf:

1. Lege oder stelle die Figuren auf eine freie Fläche – so, wie es sich stimmig anfühlt.

2. Betrachte die Positionen:

   o Wie nah stehen sie beieinander?

98

o   Wer schaut wen an?

o   Wer wirkt größer, wer kleiner?

o   Steht jemand abgewendet oder verloren?

3. Spüre in beide Positionen hinein.

4. Was fühlt sich stimmig an, was nicht?

5. Verändere die Anordnung, bis du ein Gefühl von Ausgleich, Klarheit oder Würdigung spürst.

6. Schließe die Übung mit einem inneren Satz ab, z. B.:

„Ich danke dir für alles, was war – und bin bereit für das, was jetzt kommt."

99

Fazit

Beziehungen sind ein Spiegel unseres inneren Systems.

Was wir in der Partnerschaft erleben, erzählt oft mehr über unsere Geschichte als über den anderen. Systemische Aufstellungen laden uns ein, diesen Spiegel liebevoll anzuschauen, nicht um Schuld zu finden, sondern um Klarheit zu gewinnen.

Wenn wir unseren eigenen Platz einnehmen, das Vergangene würdigen und uns für das Jetzt öffnen, entsteht Beziehung auf einer neuen Ebene: frei, bewusst und in Verbindung.

Kapitel 8

Beruf, Erfolg und Geld aufstellen

Innere Hindernisse erkennen – systemische Blockaden lösen

Viele Menschen erleben, dass sich Erfolg, berufliche Erfüllung oder finanzieller Wohlstand nicht so leicht einstellen, wie sie es sich wünschen.

Trotz Ausbildung, Fleiß und klarer Ziele kommt es zu wiederkehrenden Hindernissen: Selbstsabotage, mangelnder Antrieb, Konflikte am Arbeitsplatz oder das Gefühl, immer wieder „auf der Stelle zu treten".

Was, wenn diese Schwierigkeiten nicht allein mit äußeren Umständen zu tun haben, sondern mit inneren Mustern, die aus dem Familiensystem stammen?

101

Die systemische Aufstellungsarbeit zeigt:

Unser Verhältnis zu Beruf und Geld ist oft tief in unserer Herkunft und in unseren unbewussten Loyalitäten verwurzelt.

In diesem Kapitel erfährst du, wie du diese Zusammenhänge erkennen und mithilfe systemischer Prinzipien klären kannst.

Arbeit ist mehr als Leistung

Berufliche Entscheidungen sind selten rein rational. Ob wir einen bestimmten Weg einschlagen, ob wir uns zeigen, ob wir Verantwortung übernehmen oder klein bleiben – all das hängt eng mit unserem inneren Selbstbild und unseren familiären Prägungen zusammen.

© Frank Heeger – zertifizierter Coach & Mee(h)r – 1. Auflage 2025

Wer als Kind erlebt hat, dass Arbeit mit Überforderung, Druck oder Konflikten verbunden war, entwickelt vielleicht ein inneres Spannungsverhältnis zur Leistung.

Wer gesehen hat, dass Erfolg zu Neid oder Ausgrenzung geführt hat, vermeidet vielleicht unbewusst eigene Erfolge. Und wer in der Familie Botschaften wie „Geld verdirbt den Charakter" oder „Reiche sind unmoralisch" gehört hat, wird es schwer haben, Reichtum mit einem guten Gefühl zu verbinden.

So werden alte Glaubenssätze, unbewusste Loyalitäten oder übernommenes Leid zu inneren Blockaden – auch wenn wir sie im Außen nicht sofort erkennen.

© Frank Heeger – zertifizierter Coach & Mee(h)r – 1. Auflage 2025

Berufliche Verstrickungen erkennen

In systemischen Aufstellungen zeigen sich berufliche Themen oft als Stellvertreter für familiäre Bindungen oder unaufgelöste systemische Konflikte. Einige Beispiele:

- **Sich klein machen**: Aus Loyalität mit einem Elternteil, der „nicht auf die Beine kam", hält sich ein Mensch unbewusst zurück – um nicht „besser" zu sein.

- **Selbstwertprobleme im Beruf**: Wenn die eigene Leistung nie anerkannt wurde, fällt es schwer, sich beruflich zu zeigen oder Erfolg zu genießen.

- **Kämpfe mit Autorität:** Wer ein belastetes Verhältnis zu Mutter oder Vater hatte, erlebt Vorgesetzte oft als Bedrohung – und gerät in wiederkehrende Konflikte.

- **Sinnsuche oder Unentschlossenheit:** Wer seinen inneren Platz im Familiensystem nie gefunden hat, tut sich oft schwer, im Leben „anzukommen".

Diese Dynamiken wirken im Hintergrund – und führen dazu, dass Entscheidungen schwerfallen, Potenziale ungenutzt bleiben oder berufliche Beziehungen instabil bleiben.

105

Geld – Spiegel innerer Ordnung

Auch unser Verhältnis zu Geld ist systemisch geprägt. Geld steht dabei nicht nur für materielle Sicherheit, sondern auch für Wert, Energie, Freiheit und Verantwortung.

In vielen Familien gibt es unausgesprochene Regeln und Glaubenssätze rund um Geld, z. B.:

„Geld ist schmutzig."

„Man muss hart arbeiten, um etwas zu verdienen."

„Geld kommt und geht – man kann sich nicht darauf verlassen."

„Wahrer Reichtum ist nicht materiell."

Wer als Kind erlebt hat, dass Geld ein Tabuthema war, dass es mit Schuld, Scham oder Verlust verknüpft war, trägt oft

106

ambivalente Gefühle gegenüber Wohlstand in sich. Diese inneren Spannungen verhindern oft eine gesunde Beziehung zu Geld – und somit auch finanzielle Fülle.

In Aufstellungen kann sichtbar werden:

- Wem oder was du aus Loyalität treu bleibst, wenn du Geld vermeidest.

- Welche Botschaften über Wert, Erfolg und Reichtum in deinem System gespeichert sind.

- Welche Ängste mit Sichtbarkeit, Erfolg oder Besitz verbunden sind.

Erfolg in systemischer Ordnung

Erfolg wird möglich, wenn wir unseren Platz einnehmen – nicht nur im Beruf, sondern im Leben.

Wenn wir Verantwortung für unser Potenzial übernehmen, ohne Schuldgefühle oder falsche Rücksichtnahme.

Wenn wir verstehen:

Ich darf erfolgreich sein – und dennoch verbunden bleiben mit meiner Herkunft.

Heilende Sätze in beruflichen Aufstellungen können lauten:

„Ich würdige eure Lebensleistung und gehe meinen eigenen Weg."

„Ich bin dankbar für das, was ich empfangen habe, und trage nun meinen Teil bei."

108

„Ich bin nicht mehr Kind. Ich darf erwachsen handeln, entscheiden und gestalten."

Diese Sätze drücken aus:

Die Vergangenheit bleibt in Liebe gewürdigt und sie bestimmt nicht länger die Gegenwart.

Selbstaufstellung zu beruflichen Themen

Beruf und Geld lassen sich gut in Selbstaufstellungen erkunden.

Du kannst Symbole oder Zettel verwenden für:

- Dich selbst

- Deinen Beruf / deine Berufung

- Erfolg

109

- Geld

- Familie (Eltern, Geschwister)

- innere Hindernisse oder Ängste

Beispielhafte Fragen in der Aufstellung:

- **Wie weit entfernt steht „Erfolg"
  von mir?**

- **Welche Beziehung habe ich zu
  „Geld" – Nähe, Distanz, Abwehr?**

- **Wer oder was steht zwischen mir
  und meiner Berufung?**

- **Wem bleibe ich treu, wenn ich
  mich nicht zeige?**

Schon kleine Veränderungen in der Anordnung oder symbolische Dialoge mit einzelnen Elementen können neue Perspektiven eröffnen.

Reflexionsfragen für dich

1. **Was hast du über Arbeit, Leistung und Erfolg in deiner Familie gelernt?**

2. **Wie hat das finanzielle Erleben deiner Kindheit deine heutige Beziehung zu Geld geprägt?**

3. **Gibt es unbewusste Ängste vor Sichtbarkeit, Verantwortung oder Wachstum?**

4. **Hältst du dich in beruflichen Situationen zurück – aus Rücksicht, Angst oder Gewohnheit?**

5. **Was wäre möglich, wenn du deinen Platz ganz einnimmst – mit all deinem Können?**

Übung: Deinen Platz im Beruf einnehmen

Ziel: Klarheit über deinen beruflichen Standpunkt gewinnen.

Vorbereitung:

Nimm vier Zettel und beschrifte sie mit:

- o Ich
- o Beruf
- o Erfolg
- o Familie

Ablauf:

1. Lege die Zettel auf den Boden – so, wie es deinem Gefühl entspricht.

2. Stelle dich nacheinander auf jeden Zettel und spüre:

   - Wie fühlt sich dieser Platz an?
   - Was zieht, was blockiert?
   - Wo entsteht Energie?

3. Beobachte die Abstände:

   - Steht „Erfolg" weit weg?
   - Ist „Familie" dazwischen?
   - Schaust du „Beruf" an – oder weg?

4. Stelle dir innerlich die Frage:

„Was brauche ich, um mich meinem Erfolg zuzuwenden – mit gutem Gewissen?"

5. Verändere die Anordnung – bis du dich kraftvoll, klar und innerlich stimmig fühlst.

Fazit

Beruf und Geld sind nicht nur äußere Lebensbereiche – sie spiegeln unsere innere Ordnung, unsere Haltung zu Verantwortung, Selbstwert und Zugehörigkeit. Wer sich hier Klarheit verschafft, kann neue Entscheidungen treffen, nicht gegen die Herkunft, sondern aus einem gewandelten Bewusstsein heraus.

Systemische Aufstellungen helfen, die inneren Fäden zu entwirren und sich mit dem eigenen beruflichen Weg zu verbinden: in Freiheit, in Würdigung und mit Freude.

115

Kapitel 9

Ahnenkraft und Lebensfluss

Die Kraft der Herkunft – vom Opfer zum Gestalter

Wir alle stehen auf den Schultern unserer Vorfahren. Ob wir es wollen oder nicht – wir sind Teil eines größeren Zusammenhangs, einer Kette von Leben, Entscheidungen, Schicksalen und Überlebenswillen. In jedem von uns wirkt das, was vor uns war: die Freude, der Schmerz, die Stärke und das Leid unserer Ahnen.

In der systemischen Aufstellungsarbeit spielt die Verbindung zu den Ahnen eine besondere Rolle. Denn Heilung geschieht nicht nur im Individuum – sie geschieht im System. Wenn wir beginnen, das anzuerkennen, was uns geprägt hat, und es würdigen, ohne es länger tragen zu müssen, entsteht ein tiefer innerer Frieden. Dann wird aus Schwere Kraft, aus Schicksal Sinn, aus Verstrickung Freiheit.

In diesem Kapitel lade ich dich ein, deine Herkunft mit neuen Augen zu sehen – nicht als Last, sondern als Quelle.

Die Kraft, die uns das Leben gibt

Jeder Mensch hat Vater und Mutter. Und diese beiden haben wiederum Eltern, die wiederum Eltern hatten … ein Netz aus Menschen, Entscheidungen, Schicksalen. Über all diese Linien hinweg wurde das Leben weitergegeben – bis es bei dir ankam.

Oft sagen Menschen: „Mit meinem Vater oder meiner Mutter will ich nichts mehr zu tun haben." Und das ist verständlich, wenn es Verletzungen oder schwere Erfahrungen gab. Doch auf systemischer Ebene bedeutet Ablehnung der Eltern auch Ablehnung des Lebens, das durch sie zu uns kam.

Ein zentraler Gedanke der Aufstellungsarbeit lautet daher:

„Du musst deine Eltern nicht lieben – aber du kannst das Leben ehren, das sie dir gegeben haben."

Wenn wir das Leben annehmen, wie es durch unsere Eltern zu uns gekommen ist – mit allem, was dazugehört –, treten wir in den Fluss. Und dieser Fluss ist mächtig.

Unterbrochene Verbindung zur Herkunft

Viele Menschen fühlen sich innerlich abgeschnitten – von ihren Wurzeln, ihrer Lebenskraft oder ihrer Identität. Diese Abgeschnittenheit hat oft systemische Ursachen:

- ein Elternteil wurde abgelehnt oder verachtet

- ein Großelternteil wurde nie erwähnt (z. B. wegen Schuld, Flucht, Krankheit)

- traumatische Erfahrungen wurden verdrängt

- kulturelle oder spirituelle Wurzeln wurden unterbrochen

In einer Aufstellung zeigt sich das oft durch Leere, Unklarheit oder emotionale Distanz zu bestimmten Personen im Familiensystem.

Das innere Kind „steht allein", weil die Linie unterbrochen wurde.

Erst wenn diese Linie wiederhergestellt wird – durch Würdigung, Sichtbarmachen, Anerkennung –, fließt wieder Kraft. Dann kann der Mensch sich getragen fühlen, statt sich allein durchs Leben kämpfen zu müssen.

Vom Schicksal zur Entscheidung

Ein wichtiges Element der systemischen Arbeit ist die Unterscheidung zwischen **Schicksal** und **Gestaltung**.

Das Schicksal ist das, was wir vorfinden: unsere Herkunft, unsere Geschichte, die

Bedingungen unserer Kindheit. Gestaltung ist das, was wir heute daraus machen – mit Bewusstsein, mit Verantwortung, mit Herz.

Wer in der Opferrolle bleibt - „Ich hatte keine Chance, weil meine Familie so schwierig war" -, bleibt an das Schicksal gebunden.

Wer beginnt, seine Geschichte anzuerkennen, mit allem, was war, und seinen Platz in der Linie einzunehmen, wandelt das Schicksal in Kraft.

„Ich komme aus dieser Linie – und ich wähle heute meinen eigenen Weg."

Das ist kein Abwenden – es ist ein würdevoller Schritt nach vorn.

121

Ahnenehre statt Ahnenschuld

In vielen Aufstellungen zeigt sich, dass Menschen unbewusst für die Schuld, das Leid oder die Versäumnisse ihrer Vorfahren büßen. Sie halten sich zurück, sabotieren ihr Glück oder fühlen sich schuldig, obwohl sie selbst nichts getan haben.

Das kann zum Beispiel so aussehen:

- Ein Enkel fühlt sich innerlich unfrei, weil sein Großvater Täter im Krieg war.

- Eine Frau erlebt immer wieder Verlust, weil in ihrer Familie mehrere Frauen früh ihre Partner verloren.

- Ein junger Mann sabotiert seinen Erfolg, weil sein Vater in Armut lebte und nie Anerkennung erfuhr.

Solche Dynamiken lassen sich nicht durch Analyse lösen. Aber sie können sich lösen, wenn das Vergangene gesehen und anerkannt wird – ohne Urteil, aber mit Klarheit.

In der Aufstellungsarbeit können symbolische Sätze helfen, z. B.:

„Ich sehe dein Schicksal – und ich lasse es bei dir."

„Ich verneige mich vor deinem Weg – und ich gehe jetzt meinen eigenen."

„Ich ehre dich – indem ich mein Leben vollkommen lebe."

So entsteht eine neue Form der Ahnenehre – nicht durch Last, sondern durch gelebte Lebendigkeit.

123

Reflexionsfragen für dich

1. **Wie denkst du über deine Herkunft – eher mit Stolz, Ablehnung, Trauer oder Unwissenheit?**

2. **Gab es in deiner Familie Menschen, über die wenig oder nie gesprochen wurde?**

3. **Welche wiederkehrenden Themen oder Schicksale findest du in deiner Linie?**

4. **Hält dich etwas davon ab, deine Kraft ganz zu leben? Könnte das mit deiner Herkunft zu tun haben?**

5. **Was würde sich verändern, wenn du den Platz in deiner Ahnenlinie bewusst einnimmst – mit Dankbarkeit und Klarheit?**

Übung: Der Lebensfluss der Ahnen

Ziel: Die Kraft der Herkunft spüren – und den eigenen Platz würdigen.

Vorbereitung:

Stelle dich in einen Raum mit genügend Platz. Stell dir vor, hinter dir stehen symbolisch deine Eltern, Großeltern, Urgroßeltern … eine lange Reihe deiner Vorfahren.

Ablauf:

1. Schließe die Augen. Atme ruhig. Spüre den Boden unter deinen Füßen.

2. Stell dir vor, wie das Leben von ganz hinten nach vorne fließt – durch alle

125

Generationen hindurch – und jetzt in dich hinein.

Von den Ahnen – durch deine Eltern – zu dir.

3. Spüre:

- Wie fühlt sich dieser Lebensfluss an?

- Gibt es Widerstände?

- Kommt es frei bei dir an?

4. Sprich innerlich oder laut:

„Ich danke euch, dass ihr das Leben weitergegeben habt."
„Ich nehme das Leben an – und mache etwas Gutes daraus."

5. Öffne langsam die Augen. Bleibe noch einen Moment in der Stille.

Diese Übung stärkt das Gefühl von Anbindung, Dankbarkeit und innerer Aufrichtung.

Fazit

Unsere Ahnen sind mehr als unsere Vergangenheit – sie sind Teil unserer inneren Landkarte. Wenn wir ihre Wege ehren, ohne sie nachzuahmen, entsteht Raum für Freiheit. Dann wird das, was war, zur Kraftquelle für das, was werden darf.

© Frank Heeger – zertifizierter Coach & Mee(h)r – 1. Auflage 2025

In der systemischen Aufstellung zeigt sich immer wieder:

Wer in Frieden mit seiner Herkunft ist, steht fester im Leben.

Nicht trotz der Vergangenheit, sondern gerade, weil er sie anerkennt.

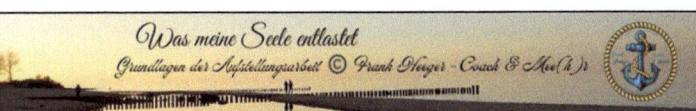
Kapitel 10

Integration und Ausblick

Was sich verändert, wenn sich etwas ordnet – und wie es weitergehen kann

Systemische Aufstellungsarbeit ist mehr als eine Methode. Sie ist eine Haltung, ein innerer Weg der Klarheit, der Verbindung und der Heilung. Wer sich auf diese Arbeit einlässt, öffnet sich für ein tieferes Verstehen – über sich selbst, über das eigene Leben und über die oft verborgenen Zusammenhänge, die uns formen, tragen oder festhalten.

In diesem Buch hast du viele Einblicke gewonnen in die Grundprinzipien systemischer Arbeit, in typische Dynamiken und in praktische Wege, Ordnung in dein inneres System zu bringen.

Du hast die Kraft des inneren Kindes kennengelernt, die Bedeutung von Zugehörigkeit, die Wirkung von Schuld und Loyalität, die heilende Verbindung zur Ahnenlinie, und du hast gesehen, wie Beruf, Beziehung und Geld nicht nur äußere Themen sind, sondern Spiegel innerer Ordnung.

Doch wie geht es jetzt weiter?

Dieses Kapitel möchte dich einladen, innezuhalten – zu spüren, was sich vielleicht bereits in dir bewegt hat – und dir Impulse geben, wie du das systemische Denken und Fühlen in deinen Alltag integrieren kannst.

Integration braucht Zeit und Raum

Veränderung geschieht nicht durch Wissen allein. Sie geschieht durch Erfahrung, durch Wiederholung, durch liebevolles Hinwenden und durch das Zulassen innerer Bewegung. Vielleicht hast du beim Lesen dieses Buches bereits kleine Aha-Momente erlebt. Vielleicht gab es Stellen, die dich tief berührt haben – oder solche, die Widerstand ausgelöst haben. Beides ist wertvoll.

Systemische Prozesse wirken oft lange nach. Ein innerer Satz, eine kleine Übung oder ein neues Bild können still und leise in deinem Inneren weiterarbeiten – ganz ohne äußeres Zutun. Vertraue darauf. Du musst nichts „tun". Du darfst einfach da sein – mit dem, was sich zeigt.

131

Es ist hilfreich, dir bewusst Zeit für diese Integration zu nehmen:

- durch Schreiben oder Tagebuchführen

- durch stille Reflexion oder Meditation

- durch Gespräche mit Menschen, die ebenfalls auf dem Weg sind

- durch das Wiederholen von Übungen, die dir besonders gutgetan haben

---

Gib dir die Erlaubnis,
langsam zu wachsen.
Systemische Veränderung
ist keine schnelle Lösung.
Systemische Veränderung
ist ein organischer
Reifungsprozess.

Was sich verändert, wenn sich etwas ordnet

Wenn ein inneres System in neue Ordnung kommt, verändert sich oft mehr, als man erwartet hat – und manchmal auf leise Weise.

Menschen berichten nach einer Aufstellung oder intensiven Selbstarbeit über:

- innere Ruhe statt ständiger Unruhe

- Klarheit in Entscheidungen

- veränderte Beziehungen – ohne dass man bewusst eingreift

- Loslassen alter Schuldgefühle oder Blockaden

- gestärktes Selbstwertgefühl

133

- Zugang zu Gefühlen, die zuvor verschlossen waren

- Versöhnung mit der Vergangenheit

Das Entscheidende ist:

Die Veränderung kommt nicht „von außen". Sie entsteht in dir – aus deinem neuen inneren Bild, aus deiner veränderten Haltung.

Wenn du deinen Platz einnimmst, muss niemand anderes weichen.

Du beginnst einfach, dich selbst zu bewohnen – und das strahlt aus in dein Leben.

Die Haltung für den weiteren Weg

Systemisches Denken endet nicht mit dem letzten Kapitel eines Buches. Es ist ein inneres Ausrichten – eine Art, das Leben zu betrachten. Hier ein paar Gedanken, die dich auf deinem weiteren Weg begleiten können:

1. Ursache und Wirkung sind nicht immer linear.

Nicht alles, was geschieht, hat eine „logische" Erklärung. Manches folgt tieferen seelischen Ordnungen. Vertrauen darf hier neben dem Verstehen stehen.

2. Was gesehen wird, darf sich verändern.

Heilung beginnt mit dem Erkennen. Schon das stille Anschauen eines Themas – ohne Urteil – bringt Bewegung.

3. Jeder gehört dazu.

Auch die Anteile in dir, die du vielleicht ablehnst oder verdrängst, möchten gesehen werden. Auch sie haben ihren Platz.

4. Du bist nicht allein.

Du bist Teil eines Systems, getragen von einer langen Ahnenlinie, verbunden mit vielen Menschen – auch wenn du dich manchmal getrennt fühlst.

5. Du darfst deinen eigenen Weg gehen.

Loyalität bedeutet nicht, dich aufzugeben. Du darfst lieben – ohne zu leiden. Du darfst gehen – ohne zu verletzen. Du darfst dich lösen – ohne Schuld.

© Frank Heeger – zertifizierter Coach & Mee(h)r – 1. Auflage 2025

Möglichkeiten der weiteren Vertiefung

Wenn du spürst, dass dich diese Arbeit weiter begleitet, gibt es viele Wege der Vertiefung:

- **Einzelaufstellungen** bei einem ausgebildeten und erfahrenen Aufsteller

- **Gruppenaufstellungen** in einem geschützten Rahmen

- **Weiterbildung oder Ausbildung** im systemischen Bereich

- **Begleitende Therapie oder Coaching**, um die Erkenntnisse in fest den Alltag zu integrieren

- **Kreative Methoden** wie Malen, Schreiben oder Körperarbeit, um das Erlebte zu verankern

137

Auch der regelmäßige Rückbezug auf dieses Buch kann dir helfen, dranzubleiben.

Vielleicht möchtest du einzelne Kapitel in einem halben Jahr noch einmal lesen – mit neuen Augen.

Dein eigener Platz im Leben

Am Ende dieser Reise steht keine Antwort, sondern eine Einladung:

_____

Nimm deinen Platz ein.

_____

Den Platz, der nur dir gehört.

Nicht größer und nicht kleiner

als andere. Nicht besser, nicht

schlechter.

Einfach du – in Würde, in Verbundenheit, in deinem eigenen Tempo.

Vielleicht möchtest du dir zum Abschluss folgende Sätze sagen – laut oder still:

„Ich nehme meinen Platz im Leben ein – ganz."

„Ich ehre meine Herkunft – und wähle meinen Weg."

„Ich bin bereit, Verantwortung für mein Leben zu übernehmen."

„Ich darf wachsen, lieben, gestalten – in meinem Rhythmus."

139

Diese Sätze sind keine Zauberformel.

Sie erinnern dich an deine eigene Stärke,

Deine Kraft und an das, was möglich ist,

wenn du beginnst, dich dir selbst

zuzuwenden.

Fazit

Systemische Aufstellungsarbeit ist kein Ziel,

es ist ein Prozess, zeigt einen Weg.

Ein Weg zu dir selbst und

- ➢ zu deiner Geschichte.
- ➢ zu deiner Kraft.
- ➢ zu deinem Frieden und
- ➢ zu einem Leben, das aus deiner
  inneren Ordnung heraus entsteht.

Du darfst weitergehen, nicht weil du „müssen" musst, sondern weil du frei und jederzeit wählen kannst.

Und manchmal beginnt der größte Wandel ganz still:

- ➢ mit einem Blick,
- ➢ einem Satz,
- ➢ einem ersten Schritt.

Möge dieses Buch dich auf deinem Weg begleiten:

- ➢ als Spiegel,
- ➢ als Impuls,
- ➢ als stiller Freund.

141

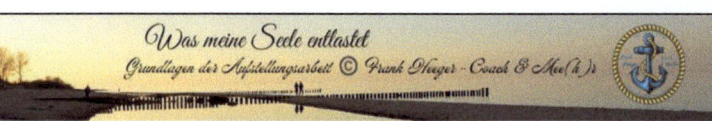
Bonusmaterial

Rituale, heilende Sätze und Übungen zur Integration

Kleine Impulse für große innere Schritte

Systemische Veränderung geschieht nicht nur in der Aufstellung selbst – sondern vor allem in den Tagen, Wochen und Monaten danach.

Damit Erkenntnisse nicht nur im Kopf bleiben, sondern sich in Körper, Herz und Alltag verankern, helfen kleine Rituale, einfache Sätze und achtsame Handlungen.

Sie sind wie Anker: Sie erinnern dich daran, dass du jederzeit in Verbindung mit dir treten kannst – mit deinem Platz, deiner Herkunft, deinem inneren Kind, deinem Lebensfluss.

Dieses Kapitel schenkt dir eine Auswahl an einfachen, wirkungsvollen Impulsen, die du immer wieder für dich nutzen kannst.

1. Heilende Sätze – Worte, die verbinden

In der systemischen Arbeit wirken Worte wie Brücken. Sie helfen, innere Ordnungen herzustellen und Verbindungen zu würdigen. Wichtig ist nicht, dass du die Sätze „glaubst", sondern dass du sie *spürst* – mit offenem Herzen.

Für dich selbst:

- „Ich nehme mich an – mit allem, was ich bin."

- „Ich darf wachsen, ohne jemanden zurückzulassen."

- „Ich bin bereit, mein Leben ganz zu leben."

Für die Eltern:

- „Ich danke euch für das Leben. Ich nehme es – so wie es kam."

- „Was immer ihr mir geben konntet: Es war genug, um heute hier zu sein."

- „Ich bin das Kind – ihr seid die Großen."

Für das innere Kind:

- „Ich sehe dich. Du bist nicht mehr allein."

- „Du darfst jetzt spielen, fühlen, leben."

- „Ich bin heute für dich da."

Für einen Ex-Partner:

- „Ich danke dir für alles, was wir geteilt haben."

- „Ich gebe dir deinen Platz in meiner Geschichte – und gehe nun weiter."

- „Was ich dir gegeben habe, gebe ich nicht zurück – es war aus Liebe."

2. Kleine Rituale für den Alltag

Rituale sind bewusst gesetzte Handlungen, die dem Unsichtbaren eine Form geben. Sie helfen, Prozesse zu würdigen, Abschlüsse zu gestalten und neue Räume zu öffnen.

Übergangsritual: Loslassen & Neubeginn

- Schreibe einen Brief an einen Menschen, ein Thema oder ein altes Muster, das du loslassen möchtest.

145

- Du kannst alles schreiben, was gesagt werden will und ohne Zensur.

- Dann verbrenne den Brief (sicher) oder vergrabe ihn in der Erde.

- Atme tief durch und sage:

„Ich lasse los"

„Ich öffne mich für das Neue."

Kraftquellen-Ritual

Lege dir einen kleinen „Kraftplatz" zu Hause an – mit einem Symbol, einem Stein, einem Foto, einer Kerze.

Nimm dir täglich zwei Minuten Zeit, dich davor zu setzen, zu atmen und dich zu erinnern:

„Ich bin verbunden. Ich bin getragen."

146

Dankbarkeitsritual

Schreibe abends drei Dinge auf, für die du an diesem Tag dankbar bist – auch kleine. Das stärkt deinen inneren Blick auf das, was gut ist, und verankert dich im Leben.

3. Übungen zur Integration

Übung: Den eigenen Platz einnehmen

- Stell dich bewusst hin, spüre deine Füße auf dem Boden.
- Stell dir vor, hinter dir stehen deine Eltern, Großeltern, Ahnen.
- Atme ein.
- Spreche innerlich:

„Ich nehme meinen Platz im Leben ein – jetzt."

Fühle, wie sich dein Körper verändert, wenn du diesen Satz sagst. Wiederhole ihn in Momenten von Unsicherheit oder innerer Unklarheit.

Übung: Innerer Dialog

- Schreibe einen Dialog zwischen deinem „Erwachsenen-Ich" und deinem „inneren Kind".
- Lass beide zu Wort kommen. Beispiel:

Kind:

„Ich habe Angst, nicht genug zu sein."

Erwachsene:

„Ich höre dich".

„Ich bin bei dir."

„Du bist sicher."

148

Dieser innere Austausch heilt

– über Worte hinaus.

Abschlusssatz für deinen weiteren Weg

Zum Abschluss dieses Buches kannst du dir selbst einen Satz schenken.

Nimm dir einen Moment der Stille und schließe die Augen.

Dann sprich (laut oder innerlich):

„Ich bin bereit, mein Leben in die Hand zu nehmen – mit Würde, Mitgefühl und der Kraft meiner Wurzeln."

Wenn du magst, wiederhole diesen Satz täglich für einige Zeit.

Er erinnert dich daran, dass du in Verbindung bist – mit dir selbst und mit dem größeren Ganzen.

150

Eigene Notizen

➢ Meine Erfahrungen

➢ Meine Gedanken

➢ Meine Wahrnehmungen

➢ Meine Gefühle

➢ Was hat sich verändert?

Die Reise geht weiter … mit neuen Impulsen, Ideen, neue Sichtweisen und Perspektiven.

Sei auf Deiner Reise mutig, neugierig, unaufhörlich, zielstrebig, die Ernte kommt automatisch!